THÉATRE DU PALAIS-ROYAL

LE BANQUET DES BARBETTES

COMÉDIE-VAUDEVILLE EN DEUX ACTES

Par MM. CLAIRVILLE et Jules CORDIER

Représentée pour la première fois, à Paris, sur le théâtre du PALAIS-ROYAL, le 17 juin 1859.

PRIX : 60 CENTIMES

Paris

BECK, LIBRAIRE, RUE DES GRANDS-AUGUSTINS, 3

1859

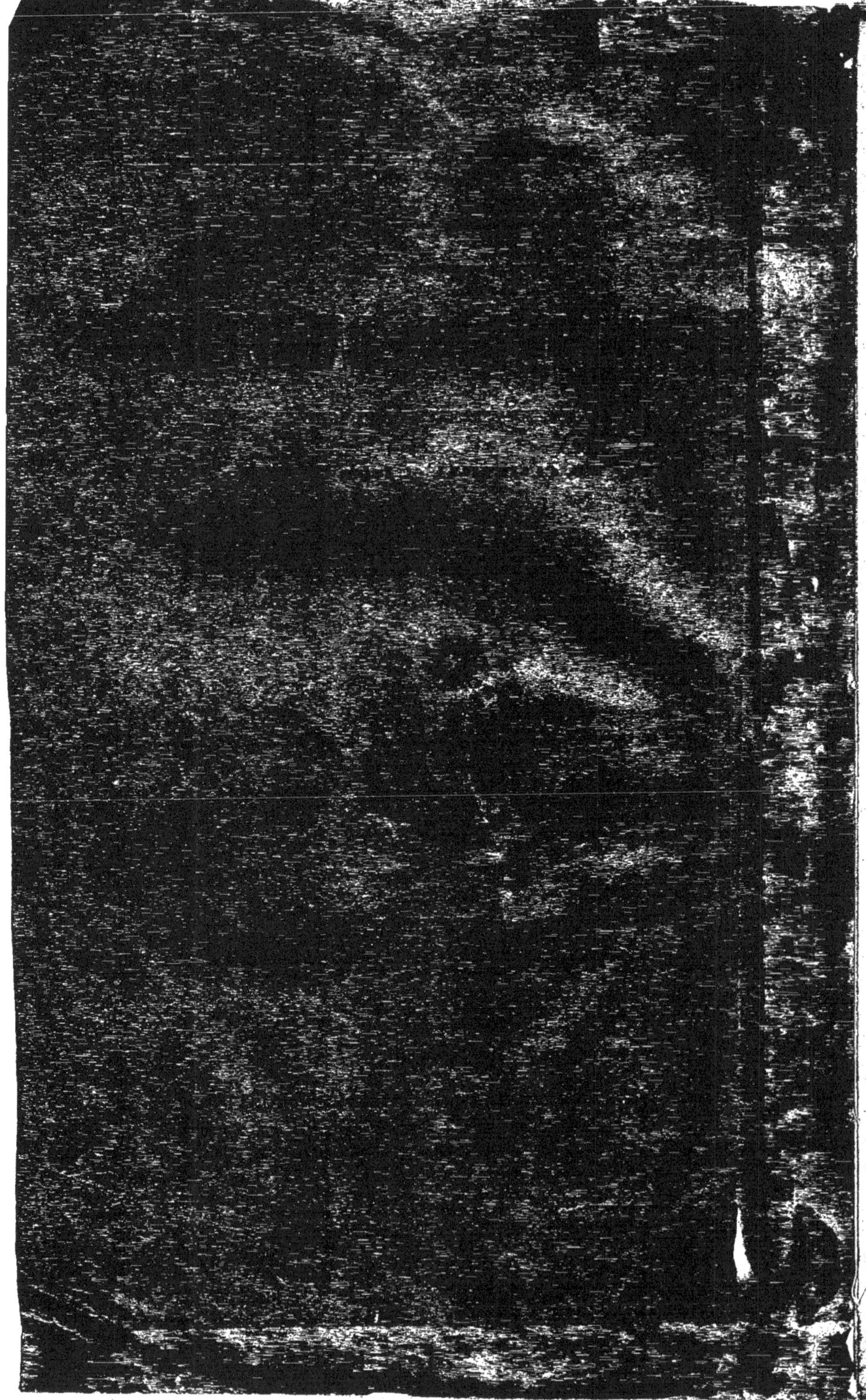

LE BANQUET DES BARBETTES

COMÉDIE-VAUDEVILLE EN DEUX ACTES

PAR MM. CLAIRVILLE ET JULES CORDIER

Représentée pour la première fois, à Paris, sur le théâtre du PALAIS-ROYAL, le 17 juin 1859.

PERSONNAGES :	ACTEURS :
CHAFFAROU, banquier	MM. DELANNOY.
HECTOR BLANCMINET	GIL-PEREZ.
ROSINE, ouvrière	Mlles MARTINE.
ANGÉLA, idem	CHARLOTTE.
CLODOMIRE, paysanne	FLEURY.
HÉLOISE, femme de Chaffarou	MADELINE.
ARTHÉMISE, danseuse	SCHNEIDER.
ÉLOA, ouvrière	MATHILDE.
SUZETTE, idem	DACOUX.
ADOLPHE, garçon de restaurant	MICHEL.
EUGÈNE, idem	LACROIX.
PLUSIEURS AUTRES GARÇONS DE RESTAURANT.	

La scène est à Paris.

Les personnages sont indiqués en tête des scènes dans l'ordre qu'ils occupent au théâtre : le premier à gauche, etc. Les indications sont données au point de vue du spectateur.

ACTE PREMIER.

Le théâtre représente trois cabinets particuliers du *Moulin Rouge*, restaurant situé aux Champs-Élysées. Le salon du milieu tient à lui seul les deux tiers du théâtre, les deux autres, l'un à gauche, l'autre à droite, sont censés continuer dans la coulisse.

SCÈNE PREMIÈRE.

ANGÉLA, ADOLPHE, garçon de restaurant (1).

ADOLPHE, introduisant Angéla. Oui, Madame; oui, on vous a retenu le même petit salon où vous avez dîné l'année dernière.

ANGÉLA, examinant les lieux. En effet, je crois reconnaître. . Et pas une seule de ces demoiselles n'est encore arrivée?

ADOLPHE. Personne. Mais si, en attendant, Madame, veut jeter un coup d'œil sur la carte que le chef de l'établissement a rédigée?

ANGÉLA. Volontiers! (Prenant la carte.) Voyons... (Lisant.) Purée à la Crécy pour huit... Comment! pour huit?.. mais nous ne sommes que sept.

ADOLPHE. Pardonnez, le bourgeois m'a dit de mettre huit couverts.

ANGÉLA. Eh bien! oui, comme l'année passée.

ADOLPHE. C'est que je vais vous dire, je ne suis ici que depuis six mois.

ANGÉLA. Ah! très-bien. Vous mettrez huit couverts, et vous ne servirez que pour sept.

ADOLPHE, à lui-même. Paraît qu'il y en a une qui ne mange pas.

ANGÉLA, lisant. Filet, poulet sauté, saumon, charlotte russe, etc.

ADOLPHE. Et il faudra aussi ne mettre que sept chaises?

ANGÉLA. Oui, sept chaises, mais huit couverts.

ADOLPHE, à lui-même. Paraît que celle qui ne mange pas, mangera debout.

ANGÉLA. Mais il est bien singulier que ces dames n'arrivent pas. Je suis donc bien en avance?

ADOLPHE. Si Madame veut descendre au jardin qui donne sur l'avenue, elle pourra voir toutes les personnes qui entreront?

1 An. Ad.

1859

ANGÉLA. Et pendant ce temps, vous mettrez le couvert.

ADOLPHE. J'attends mes camarades.

ANGÉLA. Je vais vous les envoyer.

Air des *Etudiants* (Pièce LES ÉTUDIANTS de l'Ambigu).

Sois preste,
Sois leste,
Dresse le couvert.
Charlotte,
Compotte,
Soigne le dessert.
De la huitième, ah! j'oubliais l'emblème!
Sur son assiette, un bouquet...

ADOLPHE, à lui-même.

C'est bien sec.
Il paraîtrait que par goût la huitième
Mange des fleurs en guise de beffteacks.

REPRISE ENSEMBLE.

ADOLPHE.

Eh! preste,
Eh! leste,
Dressons le couvert.
Charlotte,
Compotte,
Champagne au dessert.

ANGÉLA.

Sois preste,
Sois leste,
Dresse le couvert.
Charlotte,
Compotte,
Champagne au dessert.

(Elle sort.)

SCÈNE II.

ADOLPHE, ensuite EUGÈNE, et DEUX GARÇONS DE RESTAURANT (1).

ADOLPHE. Qu'est-ce que ça peut bien être que ce repas de Barbettes?.. Je n'ai jamais entendu parler de ça, moi.

EUGÈNE, entrant avec les garçons. Chaud! chaud!.. Achevons de mettre le couvert.

ADOLPHE. Ah! justement... Dis donc, Eugène, toi qui es plus ancien que moi ici, est-ce que c'est un repas de corps que nous allons servir?

EUGÈNE. C'est un repas de grisettes.

ADOLPHE. De grisettes!

EUGÈNE. Il y a un an que madame Barbette, une riche lingère qui avait fait sa fortune dans les faux cols, renvoya toutes ses ouvrières en leur donnant une gratification. Toutes ces jeunes filles se rassemblèrent ici, dans un banquet d'adieu; mais, sur le point de se séparer et ne sachant pas trop ce qu'elles allaient devenir, elles jurèrent de se réunir ici tous les ans, à la même époque, et quelle que fût leur position.

ADOLPHE. Tiens, tiens, tiens!

(1) A. E.

EUGÈNE. Depuis, on ne les a plus revues; mais comme elles avaient touché une gratification, elles avaient payé d'avance, et voilà pourquoi nous mettons le couvert.

ADOLPHE. Mais ce nom de Barbettes?

EUGÈNE. Elles ont pris ce nom pour faire honneur à leur ancienne maîtresse, qui s'appelait Barbette, et pour banqueter à l'instar des Barbistes.

ADOLPHE. Et à ce dîner de femmes, pas un homme?

EUGÈNE. Pas un seul. Elles m'ont même renvoyé, sous prétexte que je suis garçon.

ADOLPHE. Alors, comment sais-tu?..

EUGÈNE. Quand elles m'ont renvoyé, j'ai été vite me fourrer dans le petit cabinet qui est là. (Il montre à droite.)

ADOLPHE. Ah! farceur!

EUGÈNE. Mais nous bavardons et l'heure se passe.

ADOLPHE. Dis-moi donc... sais-tu pourquoi elles font mettre huit couverts pour sept personnes?

EUGÈNE. Oh! voilà. Il paraît que l'une des ouvrières de l'ancien magasin était bien malade il y a un an, si malade qu'on n'espérait guère la voir guérir... Alors, toutes ces jeunes filles ont voulu que son couvert fût mis et qu'un bouquet tînt sa place. Il fut même convenu qu'en cas de malheur il en serait de même tous les ans.

ADOLPHE. Alors, cette place abandonnée...

BLANCMINET, dans l'office. Mais, restaurateur, c'est ma fête... c'est aujourd'ui la Saint-Hector Blancminet... et j'ai juré de dîner avec une femme, n'importe la quelle...

LES GARÇONS. Hein! qu'est-ce que c'est que ça?

SCÈNE III.

LES MÊMES, BLANCMINET.

BLANCMINET, à la cantonade. Sacristi! madame la restaurateuse, elle est donc bien mauvaise votre cuisine, que vous ne voulez pas en manger avec moi?

ADOLPHE. Vous dites, Monsieur (1)?

BLANCMINET. Je dis que votre patron est un égoïste. Il a refusé de me servir sa femme, sous prétexte qu'elle n'était pas sur la carte.

LES GARÇONS. Mais, Monsieur...

BLANCMINET. Je ne peux pas pourtant dîner seul. Il me faut du sexe. (A Adolphe.) Garçon, allez me chercher la jolie dame du comptoir. (Les garçons rient.)

EUGÈNE. Pardon, mais la jolie dame du comptoir est mon épouse?

BLANCMINET. Eh bien! qu'est-ce que cela me fait? nous dînerons tous trois ensemble, je vous invite. C'est ma fête, et vous m'embrasserez au dessert.

(1) A. B. E.

Non! pas vous... votre femme!.. Vous, vous me ferez un compliment.

ADOLPHE. Allons, allons, Monsieur veut rire... mais, s'il veut dîner, nous avons le n° 6...

BLANCMINET. Y a-t-il une femme dans le n° 6?

ADOLPHE. Non, Monsieur, mais il y a une table.

(Ici plusieurs sonnettes se font entendre.)

PREMIER GARÇON. Ah! c'est le n° 15!

ADOLPHE. C'est le n° 3!

TOUS LES GARÇONS. On y va! on y va!

Air de *la Savonnette impériale*.

A la voix des sonnettes
Répondons, puis, après,
Du repas des Barbettes
Soignons bien les aprêts.

(Ils sortent de différents côtés.)

SCÈNE IV.

BLANCMINET, seul. Eh bien! ils me plantent là!... tout le monde me plante donc là, aujourd'hui?.. Mais, me direz-vous, à votre âge, vous devez avoir au moins une petite connaissance... Eh bien! non. Vous me croirez si vous voulez, mais, parole d'honneur, non! et ça n'est pas ma faute. J'ai fait tout ce qu'il fallait pour ça... Mais, me direz-vous encore, vous êtes donc ou très-pauvre, ou bien bête, ou bien laid?.. Du tout, je suis très-riche, très-spirituel et très-joli... Alors, d'où vient que jamais une seule femme... Ah! voilà!.. j'ai des idées sangrenues. Pour moi la femme est un ange ou n'est rien du tout. Je cherche un ange et je ne le trouve pas. C'est-à-dire, j'ai cru en trouver un, une petite ouvrière que j'ai suivie dans la rue, à laquelle j'ai parlé et qui a fait la sourde-muette. Je lui ai proposé des trésors... je lui ai dit que je la couvrirais de perles et de diamants, et elle m'a répondu par un geste plein de noblesse et d'éloquence qui semblait signifier : Fichez-moi la paix.

Air du *Piége*.

Quoiqu'elle ressemble à l'aimant
Et qu'elle en ait la puissance attractive,
Elle ne veut pas qu'un amant
S'attache à ses pas et la suive.
Lorsqu'elle croit d'elle me détacher
En me fuyant, elle m'emporte...
Mon cœur la suit dans sa chambre à coucher,
Mais, par malheur, moi je reste à la porte.
Par malheur je reste à la porte.

Ma foi, tant pis, il ne sera pas dit que le jour de ma fête... Non, ça ne sera pas dit, à défaut d'un ange, je prendrai le premier diable qui me tombera sous la main, et avec ma fortune, mon esprit et ma beauté...

SCÈNE V.

BLANCMINET, ADOLPHE, EUGÈNE, DEUX GARÇONS, chargés d'assiettes (1).

ADOLPHE, aux garçons. Allons, allons, dépêchons-nous, vite le dîner de ces dames!

BLANCMINET. Ces dames?.. quelles dames?..

ADOLPHE. Tiens, vous êtes encore là, Monsieur? Il y a un beffteack qui vous attend au n° 6.

BLANCMINET. Un beffteack?.. Allons donc! est-ce que je puis me faire souhaiter ma fête par un beffteack?

EUGÈNE. N'importe, vous ne pouvez pas rester-là. Ce salon est retenu par sept jolies femmes.

BLANCMINET. Sept! Ah! comme ça se trouve!.. Garçon, un couvert de plus, et ça complétera la huitaine.

ADOLPHE. Est-ce que par hasard vous seriez une demoiselle?

BLANCMINET. Non; mais je les aime beaucoup, les demoiselles.

ADOLPHE. Eh bien! ces demoiselles ne les aiment pas du tout, les messieurs.

BLANCMINET. Farceur!

EUGÈNE. Et la preuve, c'est qu'elles dînent entre elles seules...

BLANCMINET. Sans hommes! Ah! mais c'est défendu ça!

ADOLPHE. Ce qui est défendu, Monsieur, c'est qu'aucun paletot puisse entrer ici.

BLANCMINET. Garçon, mettez-moi à la petite table... Je serai bien sage... et...

ADOLPHE. Voulez-vous filer?

BLANCMINET. Vous ne voulez pas me mettre à la petite table? alors, je m'instale à la grande, je m'y cramponne, à la grande. (Il s'assied résolûment à la table où les garçons achèvent de mettre le couvert (2).

LES TROIS GARÇONS. Ah! c'est trop fort.

Air :

Allons, Monsieur, sortez, sortez;
A bout de patience
Nous emploierons la violence
Si vous résistez.

BLANCMINET.

Allons, garçons, vous m'irritez,
C'est par trop d'insolence,
Et je vais perdre patience
Si vous insistez.
Non, ne vous en déplaise,

1 E. B. A.
2 A. B. E.

Je veux rester ici
Assis sur cette chaise.

LES GARÇONS.

Enl'vons la chaise aussi!

(*Ils emportent, assis sur la chaise, Blancminet qui crie et se démène.*)

REPRISE.

Allons, Monsieur, etc.
Allons, garçons, etc.

SCÈNE VI.

HÉLOISE, CHAFFAROU (1).

CHAFFAROU, *en dehors*. Prenez garde, Héloïse, on se bouscule... (*Furieux et dégageant sa femme de la bagarre*). Mais, qu'est-ce donc que ça... (*Ils entrent.*) Qu'est-ce donc que ça?

HÉLOÏSE. C'est une dispute; ne vous mêlez pas de ça. (*Apercevant le couvert.*) Ah! oui, je me reconnais.

CHAFFAROU. Vous vous reconnaissez?..

HÉLOÏSE. Comment, je suis la première!.. C'est égal, vous pouvez vous retirer, Monsieur.

CHAFFAROU. Permettez, Madame, nous sommes ici chez un restaurateur et dans un cabinet particulier.

HÉLOÏSE. Oui, Monsieur.

CHAFFAROU. Ce matin, vous m'avez dit : J'ai à sortir. Je vous ai répondu : Où allez-vous?.. Vous m'avez répliqué : Ça ne vous regarde pas; et j'ai dit : Très-bien. Au moment de sortir, vous m'avez dit : Accompagnez-moi... Je vous ai demandé : Où? Et vous m'avez répondu : Où je vais; et j'ai encore dit : Très-bien. Je vous ai offert mon bras, et vous m'avez conduit ici.

HÉLOÏSE. Eh bien?

CHAFFAROU. Ici, nous sommes dans un cabinet particulier.

HÉLOÏSE. Après?

CHAFFAROU. Vous me dites : Allez-vous-en.

HÉLOÏSE. Est-ce que vous avez cru que je vous conduisais en cabinet particulier?

CHAFFAROU. Vous auriez eu cette idée, que je l'eusse trouvée légitime, puisque je suis votre mari.

HÉLOÏSE. L'idée eût été légitime, c'est possible... mais elle eût été bizarre, convenez-en?

CHAFFAROU. Enfin, Madame, que venez-vous faire ici?

HÉLOÏSE. Ça ne vous regarde pas.

CHAFFAROU. Très-bien.

HÉLOÏSE. Allez-vous-en.

CHAFFAROU. Mais, Madame...

HÉLOÏSE. Monsieur Chaffarou, en nous mariant, nous avons fait nos conventions. Vous avez désiré être libre et je vous laisse une liberté pleine et entière. Que faites-vous de vos journées, de vos soirées, quelquefois de vos nuits? Je n'en sais rien, je ne vous le demande pas. Veuillez imiter ma réserve. Ici, vous voyez une table, et sur cette table huit couverts (1), vous ne pouvez donc craindre un tête-à-tête... Monsieur Chaffarou, veuillez vous retirer

CHAFFAROU, *s'exaltant*. Oui, bobonne (*Revenant.*) Faudra-t-il que je vienne vous reprendre?

HÉLOÏSE. C'est inutile.

CHAFFAROU, *s'en allant*. Oui, bobonne (*Revenant.*) Vous ne voulez pas que je revienne?

HÉLOÏSE. Mais non, Monsieur.

ANGÉLA, *en dehors*. Comment, personne encore!

HÉLOÏSE. Quelqu'un, sortez, Monsieur!

CHAFFAROU. Bien, bobonne. (*Il sort.—A part.*) Tout ça n'est pas clair... je reviendrai.

1 H. C.

SCÈNE VII.

HÉLOISE, *seule*. Non, décidément je ne le présenterai pas à ces demoiselles. Je le voulais d'abord; mais elles sont moqueuses, et peut-être...

SCÈNE VIII.

HÉLOISE, ANGÉLA (2).

ANGÉLA. Allons, décidément je suis la seule....

HÉLOÏSE. Angéla!

ANGÉLA, *reculant*. Se peut-il? Héloïse!

HÉLOÏSE. Quelle surprise!

ANGÉLA. Je ne t'aurais jamais reconnue.

HÉLOÏSE. Pourquoi donc?

ANGÉLA. Ce riche costume, cette robe de moire antique, ce n'était pas notre uniforme chez madame Barbette.

HÉLOÏSE. Oui, et même à notre banquet de l'année dernière... mais dans un an il arrive tant de choses à une femme.

ANGÉLA. Il paraît qu'il t'est arrivé des cadeaux ou un héritage. Est-ce que tu aurais hérité?

HÉLOÏSE. Dieu merci, non! Tout ceci vient d'un vivant, et d'un très-bon vivant.

ANGÉLA. En vérité!

HÉLOÏSE. Nous causerons de tout cela à table... Mais il est déjà cinq heures, et je ne vois aucune de ces demoiselles. Serions-nous les seules qui se soient souvenues...

ANGÉLA. Oh! non. C'est impossible!

CLODOMIRE, *en dehors*. Hue! Manon! hue!

ANGÉLA. Et tiens... il me semble entendre dans la cour...

CLODOMIRE, *en dehors*. Hue, Manon, hue!...

ANGÉLA, *regardant par la fenêtre*. Une paysanne qui descend de son âne... Non, ce n'est pas une des nôtres.

CLODOMIRE, *dans la coulisse*. Puisque je vous répète que je suis invitée et mon âne aussi.

ANGÉLA ET HÉLOÏSE. Cette voix!...

1 C. H.
2 H. A.

SCÈNE IX.

LES MÊMES, CLODOMIRE, en paysanne (1).

CLODOMIRE, entrant et les apercevant. Eh! en voilà deux !...

ANGÉLA ET HÉLOÏSE. Clodomire!

ENSEMBLE.

Air : *Beaux jours de mon enfance.*

CLODOMIRE.

Tableau! Reconnaissance!
Sur mon cœur, ah! je puis vous presser!
Après un an absence
Quel plaisir de pouvoir s'embrasser ;

ANGÉLA ET HÉLOÏSE.

Tableau! Reconnaissance!
Sur mon cœur, ah! je puis te presser!
Après un an d'adsence
Quel plaisir de pouvoir s'embrasser!

ANGÉLA ET HÉLOÏSE, regardant le costume de Clodomire.
Reviens-tu de Pontoise?

CLODOMIRE.

Qu'importe mes atours,
Grisette ou villageoise
Je vous aime toujours.

REPRISE ENSEMBLE.

CLODOMIRE.

Tableau! Reconnaissance! etc.

ANGÉLA ET HÉLOÏSE.

Tableau! Reconnaissance! etc.

HÉLOÏSE. J'espère que tu vas nous dire comment, la plus coquette du magasin, arrive cette année en sabots et en jupon de laine.

CLODOMIRE. Oh! ça, c'est toute une histoire.

ANGÉLA ET HÉLOÏSE. L'histoire! l'histoire!

CLODOMIRE. Non, au dessert; je ne parlerai qu'au dessert.

ANGÉLA. Mais c'est un rêve. Héloïse en tanterluche, Clodomire en paysanne! Comme une année vous change les femmes!

CLODOMIRE. Ah! ça c'est vrai que celui qui m'aurait dit y a un an : Clodomire, voilà ce qui t'arrivera; j'y aurais répondu : C'est pas vrai. Eh bien! c'est vrai tout de même. (Bruit de voiture.)

ANGÉLA. Écoutez... une voiture qui s'arrête!...

CLODOMIRE. Oh! c'est toutes nos autres camarades qui arrivent en tapissière...

HÉLOÏSE. C'est bien possible.

CLODOMIRE, à la porte du fond. Hé! non. C'est une superbe dame qui descend d'un superbe landau.

ANGÉLA ET HÉLOÏSE. Alors, ça ne nous regarde pas.

CLODOMIRE. Bien sûr!

1 A. C. H.

SCÈNE X.

LES MÊMES, ARTHÉMISE, riche costume (1).

ARTHÉMISE, à un petit groom. John, ne quittez pas les chevaux, et pour qu'ils ne s'ennuient pas, déclamez-leur le récit de Théramène. (Le groom, qui était au fond, disparaît.)

CLODOMIRE, à elle-même. Bon! ça profitera en même temps à mon âne.

TOUTES. Arthémise!

CLODOMIRE. Et avec un panache!

HÉLOÏSE. Des diamants et de la dentelle!

ARTHÉMISE, gaiement. Moi-même, mes enfants, et dans mon équipage; car j'ai aussi mon équipage.

ANGÉLA, railleuse. Il est bien clair que si tu viens en équipage, c'est que tu as un équipage.

CLODOMIRE. Et que tu en as plein la bouche de ton équipage.

ANGÉLA ET HÉLOÏSE. C'est vrai.

ARTHÉMISE, gaiement.

Air de *Madame Favart.*

Me voilà remise à ma place...

HÉLOÏSE.

Dame! ton genre est si nouveau!

CLODOMIRE.

Une ouvrière en landau c'est cocasse.

ARTHÉMISE.

Pitié, pitié, pour mon pauvre landau!
A mes yeux il n'a qu'un mérite...
Qu'il soit par vous apprécié!

ANGÉLA, HÉLOÏSE, CLODOMIRE.

Lequel?..

ARTHÉMISE.

C'est qu'il mène plus vite
Au rendez-vous de l'amitié.

(Elle leur tend la main, les autres la serrent avec effusion.)

ANGÉLA, à Athémise. Et dire que, l'année dernière encore, je t'ai prêté mes socques!

CLODOMIRE. C'est égal, si elle a changé de voiture, elle n'a pas changé de cœur.

EUGÈNE, ouvrant la porte. Par ici, Mesdemoiselles, par ici!..

HÉLOÏSE. Encore deux retardataires...

SCÈNE XI.

LES MÊMES, ÉLOA, SUZETTE.

(Elles ont une toilette bourgeoise et variée.)

ÉLOA, SUZETTE, entrant. Vivent les barbettes!

TOUTES (2).

Air de *Piquillo.*

Dépêchez-vous / Dépêchons-nous donc, c'est l'heure du banquet;

1 An. C. Ar. H.
2 An. C. S. Ar. B. E.

Ce serait affreux si quelqu'un y manquait!
Car, lorsqu'il s'agit de ce repas coquet,
Il faut s'y trouver toujours au grand complet!

SUZETTE.

Pardon, je me suis fait attendre...
C'est la faute du magasin.

ÉLOA.

Moi, j'avais de l'ouvrage à rendre
Chez Jules, mon petit cousin.

SUZETTE.

Sur mon chemin, j'ai tourné plus d'une heure
Pour fuir un sot individu;
J'avais encor, pour affaire majeure,
Un rendez-vous à l'Ambigu.

ARTHÉMISE.

Que peut-on dire à tout cela?
Approuvons ces excuses-là!

REPRISE ENSEMBLE.

Mais dépêchons-nous, etc.

ÉLOA, *à Clodomire.* Ah çà! dis donc, toi, qu'est-ce que c'est donc que ce costume?

SUZETTE. Tiens, mais oui... Ah! voyez donc Clodomire... un déguisement pour venir dîner.

ÉLOA. Ah! bien, en voilà une drôle d'idée...

CLODOMIRE. Oui, oui, c'est assez farce... et je vais vous compter ça. Figurez-vous...

ARTHÉMISE, *solennellement.* Mesdames... ou Mesdemoiselles, *(Avec gaieté.)* car aucune de nous ne peut savoir ce que les autres sont devenues en douze mois de temps... Je propose que le mystère le plus épais nous enveloppe toutes, jusqu'à ce que nous soyons au grand complet.

CLODOMIRE. Mais nous y sommes, au grand complet. *(Commençant par elle.)* Une, deux, trois, quatre, cinq, six, sept. *(Finissant par elle.)*

ANGÉLA. Mais non, six.

CLODOMIRE. Ah! c'est que je m'étais comptée double.

ARTHÉMISE. Est-elle simple!

HÉLOÏSE. En effet, il en manque une.

ÉLOA. Qui donc?

ARTHÉMISE. Ah! j'y suis! Rosine.

TOUTES. Rosine!

CLODOMIRE. Tiens, c'est vrai, est-ce qu'elle nous ferait faux bond?

SUZETTE. Elle manquerait au rendez-vous?

ROSINE, *entrant à la cantonade.* Merci, monsieur le garçon. Ah! je me reconnais bien.

SUZETTE. Ah! sa voix!.. c'est elle!

SCÈNE XII.

LES MÊMES, ROSINE, *costume de grisette pauvre* (1).

ROSINE, *à elle-même.* Oh! les belles dames!.. Je me suis trompée. *(Haut.)* Pardon, Mesdames, je me retire.

1 S. An. H. R. Ar. Cl. E.

ARTHÉMISE. Mais c'est nous.

HÉLOÏSE. Reconnais-nous donc!

SUZETTE. Mais embrasse-nous donc!

ROSINE. Ces demoiselles!.. Ah! que vous êtes belles! que vous êtes bien mises et que je suis heureuse!

Air de *Sommeiller encor ma chère.*

Ah! je bénis la destinée,
Mes vœux sont réalisés tous!
A la fin de chaque journée
Je priais le bon Dieu pour vous. *(bis.)*

ARTHÉMISE.

Mais, puisque le bon Dieu t'écoute,
Pourquoi n'a-t-il rien fait pour toi?

ROSINE.

C'est qu'en priant pour vous, sans doute,
J'oubliais de prier pour moi.

SUZETTE, *avec sentiment.* Ah! cette chère petite!.. *(Les garçons entrent et mettent les plats sur la table.)*

ANGÉLA. Allons, Mesdames, puisque nous n'attendons plus personne, à table!

TOUTES. A table (1)!

HÉLOÏSE. Ah! un instant!.. Garçons, sortez!

ADOLPHE. Mais si ces dames ont besoin de quelque chose?

HÉLOÏSE. Nous sonnerons. *(Elle s'asseyent.)*

LES GARÇONS. Mais...

CLODOMIRE. Allez voir à la cuisine si j'y suis. *(Les garçons sortent.)*

ARTHÉMISE. Là, maintenant que nous sommes seules... Tout le monde debout! *(Elles se lèvent.)* et, avant les folies, un bon souvenir à notre pauvre camarade! *(Elle désigne le couvert inoccupé et sur lequel Angéla a deposé un bouquet de ne m'oubliez pas.)*

ARTHÉMISE, *partageant le bouquet entre elles toutes.*

Air du vaudeville de *la Haine d'une femme.*

Puisqu'à ton amitié fidèle
Chacune de nous avait foi,
Que ce bouquet te prouve, Estelle,
Que nous pensons toujours à toi.
Malgré d'assez bons caractères,
Nous sommes toutes si légères
Que, pour nos torts involontaires,
Nous avons besoin de prières;
Et de là-haut, si tu nous voi,
Pense à nous, qui pensons à toi!

REPRISE ENSEMBLE.

Et de là-haut, si tu nous voi,
Pense à nous, qui pensons à toi!

1 H. An. S. Ar. Cl. E. R.

SCÈNE XIII.

LES MÊMES, EUGÈNE, CHAFFAROU, *paraissant dans le cabinet de gauche..*

CHAFFAROU. Oui, garçon, je jure sur les mânes de vos ancêtres, de ne pas souffler mot.

EUGÈNE. Et surtout de ne pas vous montrer.

CHAFFAROU. Je vous le jure sur vos cheveux blonds.

EUGÈNE. J'y compte! (*Il sort.*)

CLODOMIRE. Eh bien! Rosine, est-ce qu'il faut pleurer comme cela?

ROSINE. Pardon, c'est plus fort que moi... Mais le souvenir de notre chère compagne...

CLODOMIRE. Bah! n'y pensons plus! mangeons et buvons!

TOUTES. Mangeons et buvons!

CHAFFAROU. Oh! j'ai voulu savoir ce que fait ma femme dans le cabinet voisin; je vais peut-être voir des choses... (*Trouvant un couteau sur la table.*) Oh! quelle trouvaille! . Tant pis, je perce les murs.

ARTHÉMISE, *à table.* Ah! mes chères amies, tout en mangeant n'oublions pas que chacune de nous doit aux autres l'histoire de ses plaisirs ou de ses peines depuis le dernier banquet.

CHAFFAROU. Je reconnais cette voix-là.

TOUTES. Oui, oui, les histoires!

HÉLOÏSE. Alors je commence, car mon histoire doit être la plus morale.

TOUTES. Oh! oh!

CHAFFAROU. Ma femme va raconter son histoire. (*Il met son œil au trou qu'il a fait.*)

HÉLOÏSE. Oui, Mesdemoiselles, la plus morale... car la mienne commence à la mairie et finit à l'église.

ARTHÉMISE. Tu serais mariée?

HÉLOÏSE. Oui, ma chère Arthémise.

CHAFFAROU. Ciel! Arthémise!.. ma danseuse!..

HÉLOÏSE. Mariée à un vieux très-riche et très-laid.

CHAFFAROU. Très-laid?

ANGÉLA. Mais comment as-tu pu faire?

HÉLOÏSE. En refusant tout ce qu'il m'offrait, et en me faisant offrir ce qu'il aurait peut-être voulu me refuser.

Air de *la Robe et les bottes.*

Lorsqu'il m'offrait une voiture,
Je lui répondais : C'est trop beau!
Lorsqu'il m'offrait une riche parure,
Je lui disais encore : C'est trop beau!
Enfin, voulant me forcer à me rendre,
Ils s'offrit lui-même en cadeau,
Et, malgré moi, je dus le prendre,
Car, cette fois, ce n'était pas trop beau.

CHAFFAROU. Oh! et c'est pour entendre des choses comme ça que j'ai percé la muraille!

ARTHÉMISE. Si bien qu'à présent tu te nommes?

HÉLOÏSE. Madame Chaffarou.

TOUTES. Chaffarou! ah! ah! ah!

SUZETTE. En voilà un de nom, Chaffarou!

CHAFFAROU. Il est aussi joli que le tien, que je ne connais pas!.. C'est égal, j'ai bien fait de ne pas dire mon vrai nom à ma danseuse!.

ANGÉLA. Et c'est tout?

ÉHLOÏSE. Tout, absolument!

ARTHÉMISE. Et toi, Suzette, qu'es-tu devenue depuis notre dernier banquet?

SUZETTE. Moi?.. je n'ai pas changé, je suis toujours lingère.

ÉLOA. Et tu n'as pas d'amoureux?

SUZETTE. Pas d'amoureux! j'en ai quatre!

ARTHÉMISE. Oh! alors, ce serait trop long. A une autre.

TOUTES. A une autre!

CLODOMIRE. Eh bien! moi, je vais vous conter mon histoire itou!

CHAFFAROU. Itou! oh! la la, itou!

ÉLOA. Comment, itou?

CLODOMIRE, *gaiement.* Ah! l'habitude d'entendre... C'est un mot du pays de mon homme.

SUZETTE. Tu es mariée aussi?

CLODOMIRE, *gaiement.* Itou! v'là ce que c'est. Vous vous rappelez bien ce petit paysan, ce petit grêlé qui vendait des poires en face de notre magasin et qui me donnait gratis des abricots et des pêches quand j'allais chercher votre déjeuner?

ANGÉLA. Le petit Douillet!

ÉLOA. Eh bien?

CLODOMIRE. Eh bien! depuis six mois ce petit Douillet est devenu mon homme, et nous sommes si heureux, si heureux que nous nous embrassons toute la journée.

CHAFFAROU, *suppliant.* Des détails... des détails...

CLODOMIRE. A tel point que Martin, not' âne, s'en tient les côtes à force de rire.

Air : *C'est le gros Thomas.*

Comm' vous, autrefois,
Je me livrais à la couture;
Mais, depuis six mois,
Je me livre à l'agriculture.
Je n' fais plus d'ourlets,
Mais j' plant' des navets.
Je fais les foins dans la prairie
Au lieu d' fair' de la lingerie;
Bref, au lieu d'œillet,
J' fais d' l'œil à Jean Douillet.

CHAFFAROU. J'irai causer botanique avec cette petite jardinière.

SCÈNE XIV.

LES MÊMES, ADOLPHE, BLANCMINET, *paraissant dans le cabinet de droite.*

ADOLPHE, *à Blancminet.* Là, entêté! fourrez-vous là, et surtout ne faites pas de bruit.

ARTHÉMISE. A la santé de Jean Douillet!

TOUTES. A sa santé!

BLANCMINET. Ah! je les entends! Merci, garçon, merci de votre toit.

ADOLPHE. Très-bien; mais les cinquante francs?

BLANCMINET. Ah! c'est juste... (Lui remettant l'argent.) Tenez. (A lui-même.) Cinquante francs ce local! c'est encore plus cher que dans la rue de Rivoli. (Adolphe sort.)

TOUTES LES FEMMES. A qui le tour? à qui le tour?

ARTHÉMISE. A moi!

ANGÉLA. Oui, au tour d'Arthémise.

BLANCMINET. Elles vont faire des tours? Est-ce que ce seraient des physiciennes?

CHAFFAROU. Ah! mon Dieu, si Arthémise entre dans beaucoup de détails, ma femme va me reconnaître.

HÉLOÏSE. Silence!

ARTHÉMISE. Taisez-vous!

BLANCMINET. Ah! ce canif! je vais détériorer l'appartement. (Il fait avec son canif un trou au mur qui le sépare du salon.)

HÉLOÏSE. Mais parle donc, Arthémise!

ARTHÉMISE, mangeant. Attendez que j'aie fini ma patte.

BLANCMINET, mettant son œil au trou qu'il vient de faire. O ciel! est-il possible!.. ce petit bonnet... Je suis en petit bonnet, blanc bonnet de connaissance...

ROSINE. Je suis sûre qu'Arthémise va nous conter des folies.

ARTHÉMISE. Non, mademoiselle Rosine, non.

CHAFFAROU. Rosine!

BLANCMINET. Rosine, c'est bien ça.

ARTHÉMISE. Je ne vais pas vous conter des folies.

CHAFFAROU. Rosine?.. mais oui, c'est elle... ma femme, ma danseuse, ma rosière! Quelle trilogie!

BLANCMINET. O bonheur!

ARTHÉMISE. Mon histoire est bien simple. Du magasin, j'ai sauté dans une salle de bal, de la salle de bal, sur les planches de la Porte-Saint-Martin, et de la Porte-Saint-Martin, sur le grand théâtre de Bruxelles.

SUZETTE. Tu serais danseuse?

ARTHÉMISE. Oui, mes petits enfants, et notre dîner me coûte à moi mille écus.

TOUTES. Mille écus!

HÉLOÏSE. Comment cela?

ARTHÉMISE. J'avais encore douze représentations à donner à Bruxelles, quand je me suis rappelée que c'était aujourd'hui l'anniversaire de notre banquet. Alors, clic, clac! j'ai brûlé le pavé et la politesse à mon directeur, et me voilà!

ÉLOA. Ah! que c'est bien!

SUZETTE. Que c'est gentil!

ARTHÉMISE. Pardine! vous valez bien trois mille francs, et d'ailleurs, je sais quelqu'un qui me les rendra.

ÉLOA. Et qui donc?

ARTHÉMISE. Un monsieur Saint-Léger.

CHAFFAROU. Saint-Léger... c'est mon petit nom d'amour.

ARTHÉMISE. Un intéressant quinquagénaire qui n'a rien à me refuser.

ANGÉLA. Et c'est à charge de revanche?

ARTHÉMISE. Non, Mesdemoiselles, non. Cet intéressant vieillard ne se permettrait pas une demande indiscrète.

CHAFFAROU. Oh! tu verras, ma bonne, tu verras!

ARTHÉMISE. C'est un monsieur très-bien, très-distingué; mais bête, oh! bête à faire bâiller les carpes de Fontainebleau!

CHAFFAROU. Oh!

BLANCMINET. Elle est drôlette, cette grande-là!

ARTHÉMISE.

Air de *Turenne*.

Dans mon boudoir il se fait introduire;
Mais, par traité rédigé de sa main,
Il doit se borner à me dire :
Comment ça va-t-il ce matin?

TOUTES.

Et puis?..

ARTHÉMISE.

Puis s'en aller soudain.
Je le reçois, sans craindre ses poursuites,
Comme chaque jour je reçois
Mon médecin; sauf qu'à la fin du mois
C'est lui qui paye ses visites.

CHAFFAROU. Et j'ai donné quarante francs au garçon pour entendre de pareilles choses! (Il tombe accablé sur un siége à la fin du couplet, Rosine a mis un gâteau dans sa poche.)

BLANCMINET, la suit des yeux. Tiens! qu'est-ce que fait donc ma petite connaissance, la voilà qui fourre quelque chose dans sa poche!..

ANGÉLA, à Arthémise. Allons, c'est un fameux jobard, ton monsieur! je bois à sa santé!.. (Elle tend son verre à quelques-unes de ses compagnes, qui trinquent avec elle.)

TOUTES. A la santé du jobard!

BLANCMINET, voyant Rosine continuer son manége. Elle fourre encore quelque chose dans sa poche!.. Est-ce que mon ange ne serait qu'une filoute?

ARTHÉMISE. Qui est-ce qui n'a pas encore parlé?..

TOUTES, celles qui ont écouté sans rien dire. Moi! moi! moi!

ARTHÉMISE. Un instant, je préside et je donne la parole à celle qui ne la demande pas... l'histoire de Rosine.

TOUTES. Oui, oui, l'histoire de Rosine!

CHAFFAROU. Le journal de sa vie?.. ah! si je pouvais en occuper la première colonne!

BLANCMINET. Son histoire. . c'est une histoire de brigande.

ROSINE. Que vous dirai-je, mes chères amies, je vis seule et de mon travail.

BLANCMINET. Oui, oui, ils appellent tous ça travailler.

ARTHÉMISE. Comment! Tu n'as pas seulement un pauvre petit amoureux?

ANGÉLA. Ah! Mesdames, elle a rougi!

TOUTES. Voyons, voyons, parle!

ROSINE. Eh bien! depuis quelque temps, il y a un jeune homme qui me suit toujours.

CHAFFAROU. Un jeune homme...

BLANCMINET. Ce jeune homme, c'est moi!

ROSINE. Et un vieux monsieur, qui est sans cesse à courir après moi, celui-là me fait peur!

CHAFFAROU. Peur!

BLANCMINET. Un vieux monsieur!..

HÉLOÏSE. Oui, mais l'autre... le jeune?

ROSINE. Le jeune... il est bien doux... bien gentil... et...

SUZETTE. Et tu l'aimes?

ROSINE. Oui!

BLANCMINET, avec joie. Oui!.. (Avec horreur.) Non!

CHAFFAROU. Ah! la petite couleuvre!..

ROSINE, continuant sa pensée. Je crois que je l'aimerais bien, s'il travaillait.

BLANCMINET, avec horreur. Si je travaillais!..

ROSINE. Mais il vit de ses rentes, il est riche, et jamais il ne voudrait être mon mari.

BLANCMINET. Je crois bien!.. quel dommage que cet ange soit une affreuse coquine!

ARTHÉMISE. Ainsi, tes amours se bornent à un vieux qui te fait peur, et à un jeune que tu refuses d'écouter?

TOUTES, incrédules. Allons donc!..

ROSINE. Je vous jure!..

ANGÉLA. Je gage que ses poches sont bourrées de billets doux.

BLANCMINET. Et de couverts d'argent.

ROSINE. Par exemple!..

ANGÉLA, gaiement. Veux-tu permettre que je m'assure?..

ROSINE, vivement. Non, non!..

SUZETTE, gaiement. Non!.. alors, fouillons-la!..

TOUTES. Oui! fouillons-la!

TOUTES LES FEMMES.

CHŒUR.

Air : *Cherchons bien.*

Fouillons-la!.. (*bis.*)
Vite,
La visite!
Fouillons-la, (*bis.*)
Et tout se découvrira.

ANGÉLA, après l'avoir fouillée, parlé. Une orange!

ARTHÉMISE, de même. Des dragées!

HÉLOÏSE, de même. Des petits fours!

CLODOMIRE. Et des biscuits à la cuiller!

BLANCMINET, frappé du deuxième mot. Il y a une cuiller!

ANGÉLA.

Suite de l'air.

Mais qui peut donc t'obliger
A cette conduite?

ARTHÉMISE.

Quoi, dans ta poche loger
Un garde-manger!

TOUTES.

Que c'est laid! (*bis.*)
Petite
Hypocrite!
Que c'est laid! (*bis.*)
Confisquer notre banquet!

CHAFFAROU. Comment, cette jeune vertu empochait le dessert?

ROSINE. Oh! Mesdemoiselles, n'allez pas croire que c'est pour moi...

BLANCMINET. Petit monstre!.. Elle va leur dire que c'est pour sa chatte!

ÉLOA. Eh bien! pour qui donc?

ROSINE. Puisque j'y suis forcée, je vais vous le dire.

TOUTES. Parle!

CHAFFAROU. Écoutons.

BLANCMINET. Écoutons.

ROSINE. Oh! mon Dieu! ce n'est pas mon secret que vous allez apprendre... c'est le secret d'une autre.

SUZETTE. D'une autre?

ROSINE. Il y a un an, lorsque nous avons fait notre premier repas ici, Estelle était malade, et sa place était vide, comme aujourd'hui!.. Huit jours après, vous étiez toutes parties; mais, moi, jusqu'au dernier moment...

BLANCMINET. Que dit-elle?

ROSINE. Ce fut alors que j'appris qu'Estelle avait été trompée par un M. Théophile, que je n'ai pas connu, car il était parti!.. parti, ne laissant à la pauvre Estelle qu'une petite orpheline, dont, seule, j'acceptai l'héritage.

TOUTES. Toi?

ROSINE.

Air : *Mon cœur dirait tout le contraire.*

Mais je suis pauvre, et mon enfant grandit
Privé des plaisirs de l'enfance!
En dérobant ces gâteaux et ce fruit
Je pensais à mon indigence.
Si notre sœur, trop tôt, dût nous quitter,
Sa fille est aussi votre fille!
Et je voulais la faire profiter
De notre repas de famille.

ARTHÉMISE. Comment! c'était pour elle?..

ROSINE. Sans doute!

TOUTES, lui donnant des gâteaux, des bonbons. Tiens! tiens! tiens!

BLANCMINET, avec exaltation et pleurant, et envoyant des baisers à Rosine. Tiens! tiens! tiens!.. et ce n'est qu'un à-compte.

ARTHÉMISE. Et maintenant, remettons-nous à table !

CHAFFAROU, écrivant sur des tablettes. Un nommé Théophile... une nommée Estelle... un enfant... dont je ne sais pas le nom... ça pourra me servir.

ARTHÉMISE, au garçon qui entre. Garçon, du champagne !

CHAFFAROU. Garçon, du champagne ! (Il sonne.)

BLANCMINET. Garçon, du champagne !.. (Il sonne.) Et un mouchoir !.. le mien est tout mouillé !

ROSINE. Du champagne, mais qui donc payera ?

ARTHÉMISE. Qui ?.. moi ! Est-ce que je ne dois pas boire à la santé de notre fille ; car c'est notre fille à toutes.

TOUTES. Oui, à toutes !

CHAFFAROU. Et à moi aussi, ma biche !

ARTHÉMISE. Versez !

BLANCMINET. Oh ! je veux être son père, entends-tu ? Non, elle n'entend pas, mais je m'entends, et c'est entendu.

ARTHÉMISE. A la santé de notre enfant !

CLODOMIRE. Mais le nom de notre enfant ?

TOUTES. Oui, son nom ?

ROSINE. Adèle.

ARTHÉMISE. A la santé d'Adèle !..

TOUTES. A la santé d'Adèle !

CHAFFAROU. Ah ! l'enfant se nomme Adèle... notons. (Il écrit le nom.)

BLANCMINET. Je donnerais vingt mille francs pour trinquer avec elle !

ARTHÉMISE. Et maintenant, la chanson des Barbettes !

TOUTES. Oui, oui, la chanson des Barbettes !

ÉLOA. Silence ! pour la présidente.

ARTHÉMISE.

Air de MANGEANT.

Les Barbistes et les Barbettes
Sont de bons, bons, bons, bons, bons,
Les Barbistes et les Barbettes
Sont de bons, de bons garçons.

REPRISE.

Les Barbistes, etc.

ARTHÉMISE.

Les Barbistes
Se font artistes,
Vaudevillistes
Ou chroniqueurs.
Les Barbettes
Sont des grisettes,
Dont les risettes
Charment les cœurs.
Mais, quand Sainte-Barbe s'égare,
Jusqu'à vouloir nous en conter,
Plus d'une Barbette barbare
Laisse un Barbiste barbotter !
Les Barbistes et les Barbettes, etc.

(Pendant la reprise, on se lève et l'on vient en scène.)

REPRISE ENSEMBLE.

Les Barbistes et les Barbettes
Sont de bons, bons, bons, bons, bons,
Les Barbistes et les Barbettes
Sont de bons, de bons garçons.

ARTHÉMISE.

DEUXIÈME COUPLET.

Nul Barbiste
N'est égoïste
Quand, vieux et triste,
Un pauvre est là,
La Barbette
Est une fillette
Qui donne ou prête
Tout ce qu'elle a.
Au malheur qui baisse la tête
Chacun peut voir, plus que jamais,
Et le Barbiste et la Barbette
Fidèles comme des barbets.
Les Barbistes et les Barbettes, etc.

REPRISE ENSEMBLE.

Les Barbistes et les Barbettes
Sont de bons, bons, bons, bons, bons,
Les Barbistes, etc.

TOUTES.

Bravo ! bravo !

SUZETTE.

A la santé d'Arthémise !
A la santé de la chanteuse !

CHAFFAROU, à part.

Et maintenant, à demain, Rosine !..

BLANCMINET, à part.

Rosine, j'irai te voir demain !..

REPRISE ENSEMBLE.

Les Barbistes, etc.

FIN DU PREMIER ACTE.

ACTE DEUXIÈME

Une petite mansarde, porte au fond, portes latérales.

SCÈNE PREMIÈRE.

(Au lever du rideau, Rosine est endormie sur une chaise; son ouvrage est tombé à ses pieds. Il fait grand jour; mais une lampe, placée sur une table à ouvrage, indique qu'elle a veillé toute la nuit.)

ROSINE, seule, rêvant. Non, Mesdemoiselles, non! plus de champagne... mais du café... beaucoup de café! ça empêche de dormir... Merci, merci, vous êtes bien bonnes... (Ici un coup est frappé à la porte du fond, et Rosine se réveille.) Hein?.. (Voyant sa lampe allumée et son ouvrage par terre.) Ah! mon Dieu!.. et il fait grand jour... (Soufflant sa lampe et ramassant son ouvrage.) Je me serai endormie malgré moi... réparons ça bien vite. (Elle se met à travailler avec ardeur. — Nouveau coup frappé à la porte du fond. — A part.) Oh! si c'était pour cette robe qu'on attend ce matin. (Haut, et se levant.) Attendez, je vais ouvrir.

SCÈNE II.

ROSINE, CHAFFAROU.

ROSINE, reculant. Ah!

CHAFFAROU, entrant précipitamment et allant s'asseoir à l'avant-scène.) Ouf! je n'en puis plus (1)!

ROSINE. Monsieur...

CHAFFAROU. Ne vous dérangez pas...

ROSINE. Que venez-vous faire ici?

CHAFFAROU. Laissez-moi respirer; laissez-moi reprendre mes sens; laissez-moi réfléchir à l'aveu terrible que j'ai à vous faire.

ROSINE. Encore!.. J'espère, Monsieur, que vous ne venez pas chez moi pour me compromettre?..

CHAFFAROU, se levant. C'est chez vous, ici? Tiens, c'est vilain... ah! c'est vilain!

ROSINE. Monsieur!..

CHAFFAROU. Mais qu'est-ce que ça me fait... est-ce que ça me regarde?.. Je viens ici pour une grande révélation, pour un aveu qui va me faire affreusement rougir!

ROSINE. Comme sans doute il me ferait rougir aussi... je vous dispense...

CHAFFAROU. Rougir, vous! ange d'innocence et de pureté... Mais, je comprends, en me voyant vous suivre partout comme la ficelle d'un ballon captif; vous vous êtes imaginée que c'étaient vos grâces, votre gentillesse, vos beaux yeux, enfin, qui m'attachaient à vos pas?.. Ah bien, oui! Est-ce que je sais seulement si vous avez de beaux yeux... Vous auriez les prunelles de Cléopâtre, la taille de la Dame aux Camélias, les grâces de la Rosati, que je n'y ferais pas la moindre attention.

ROSINE. Alors, Monsieur, que venez-vous faire ici?

CHAFFAROU, avec âme. J'y viens pour ma fille!

ROSINE. Votre fille?

CHAFFAROU. Chut! silence!.. Avez-vous été quelquefois à l'Ambigu (1)?

ROSINE. Mais, Monsieur...

CHAFFAROU. Si vous y avez été, vous avez dû voir des pères grignotés par le remords, des malheureux qui avaient abandonné leur moutard, après avoir planté là l'infortunée victime de leurs passions déréglées... Eh bien! Mademoiselle, je suis un de ces pères-là!

ROSINE. Vous, Monsieur?

CHAFFAROU. J'ai séduit une jeune fille; de cette séduction il est résulté un fruit; j'ai abandonné le fruit en abandonnant l'arbre, et, aujourd'hui, je suis seul, regrettant l'arbre et le fruit... Je ne sais pas si vous me comprenez.

ROSINE. Non, Monsieur.

CHAFFAROU. Je m'en doutais; mais un seul mot sera plus éloquent que tous mes discours. Je m'appelle Théophile!

ROSINE, foudroyée. Théophile!

CHAFFAROU. Le père d'Adèle, le séducteur de l'infortunée Estelle! Ce grand coupable est devant vous, il vous crève les yeux!

ROSINE. Vous, Monsieur, le séducteur de?.. (A part.) Oh! qu'il est vilain!

CHAFFAROU.

Air :

Tu vois en moi le séducteur d'Estelle...

ROSINE.

Se peut-il bien, qui, vous, un séducteur!

CHAFFAROU.

Depuis longtemps j'aimais Adèle..

ROSINE, à part.

Ah! pauvre enfant, pour elle quel malheur!
Un tel père lui fera peur.

CHAFFAROU.

Tu la connais : dis-moi qu'elle est gentille,
Qu'elle a déjà des grâces, des appas.

ROSINE.

Oh! oui, Monsieur ; votre petite fille
Ne vous ressemble pas. (*bis*)

CHAFFAROU. Oh! elle est si jeune... on ne peut pas encore savoir.

ROSINE. Et vous venez sans doute pour lui faire une position... pour la reconnaître...

1 R. C.

2 C. R.

CHAFFAROU. Je la reconnaîtrai quand je l'aurai vue une fois. Où est-elle, que je la baigne de mes larmes et que je l'étouffe de mes caresses?

ROSINE. Mais elle est chez sa nourrice, Monsieur.

CHAFFAROU. Chez sa nourrice?

ROSINE. A Pontoise !

CHAFFAROU. Comment, petite malheureuse, vous avez mis ma fille en nourrice dans un pays de veaux?

ROSINE. Dame ! Monsieur...

CHAFFAROU. C'est égal, j'irai la voir... nous irons la voir ensemble, dans une petite voiture fermée.

ROSINE. Voyager... avec vous et en voiture, pour qu'on nous rencontre, qu'on me reconnaisse...

CHAFFAROU. Oh! à la campagne!..

ROSINE. Jamais, Monsieur!

CHAFFAROU. Voyons, voyons, ne faisons pas la méchante. Tu ne peux vouloir priver un père des caresses de son enfant.

ROSINE. Mais...

CHAFFAROU. Parlons d'autre chose. Écoutez, vous avez peut-être des amies, des compagnes, des connaissances.

ROSINE. Mais, oui, Monsieur...

CHAFFAROU. Savent-elles que vous avez adopté mon enfant?

ROSINE. Elles le savent.

CHAFFAROU. En ce cas, gardez-vous bien de leur dire que vous avez retrouvé Théophile.

ROSINE. Pourquoi?

CHAFFAROU. Ce serait trop long à vous apprendre. Qu'il vous suffise de savoir que, sur le point d'épouser la comtesse Évélina Pasiphaë de Vertugadin, j'eus le malheur de tuer à la chasse le duc Jean-Francesco d'Alférare Piffardini.

ROSINE. De le tuer?..

CHAFFAROU. Je l'avais pris pour un cerf; c'était mon oncle... et maintenant le nom de Théophile est proscrit... Ma famille elle-même demande ma tête.

ROSINE. Ah! pauvre Monsieur! (Ici Angéla paroit au fond.)

CHAFFAROU. Vous me jurez de ne dire à personne que le père d'Adèle est retrouvé?

SCÈNE III.

LES MÊMES, ANGÉLA (1).

ANGÉLA. Le père d'Adèle! (Elle se cache derrière le rideau d'une fenêtre qui est au fond.)

ROSINE. Oui, monsieur Théophile, je vous le jure!

ANGÉLA. Théophile!

CHAFFAROU. Je n'en exige pas davantage pour l'instant...

1 C. A. R.

Air :

Je vous quitte maintenant;
Mais je reviens tout de suite;
Car je veux, à la petite,
Acheter du bon nanan.
Vous ne pouvez me refuser...

(Il l'embrasse.)

ROSINE.

Ciel! un baiser (1)!..

CHAFFAROU.

C'est pour Adèle
Que je vous donne ce baiser,
Et vous me le rendrez pour elle.

ENSEMBLE.

ROSINE.

Inutile maintenant
De revenir tout de suite.
Monsieur, sortez au plus vite,
Je chasse un impertinent.

CHAFFAROU.

Je vous quitte maintenant;
Mais je reviens tout de suite;
Car je veux, à la petite,
Acheter du bon nanan.

(Il sort.)

SCÈNE IV.

ANGÉLA, ROSINE.

ANGÉLA. Comment, c'est ce vilain coco-là qui a séduit Estelle?

ROSINE. Tu étais-là... Tu as entendu?..

ANGÉLA. J'arrive et je ne puis croire mes oreilles. Certainement, je comprends la séduction; mais encore faut-il pouvoir être séduite. Et, franchement, je ne sais pas où Estelle avait les yeux.

ROSINE. Surtout, Angéla, ne dis à personne que tu as vu M. Théophile.

ANGÉLA. Pourquoi cela?

ROSINE. Oh! ma chère, je ne peux pas te répéter ce qu'il m'a dit; mais la moindre indiscrétion peut exposer sa vie, et il m'a fait jurer le secret le plus absolu.

ANGÉLA. Mais pourtant, entre Barbettes...

ROSINE. Non, non, même à ces dames, ne dis rien.

ANGÉLA. C'est bon, on se taira; mais c'est contrariant pour moi qui apportais à notre Adèle un livret de caisse d'épargnes.

ROSINE. De la caisse d'épargnes?..

ANGÉLA. Mais, si son père est riche...

ROSINE. Je ne sais pas s'il est riche, il ne me l'a pas dit.

1 R. C.
1 R. A.

ANGÉLA. Alors, prends toujours! Capital : vingt-cinq francs.

ROSINE. Mais, je ne veux pas.

ANGÉLA. Prends donc, c'est un excellent placement que je fais.

Air : *Château perdu.*

A mon cousin, j'ai fait fair' plus d'un' course,
Car chaque jour, crainte de m'enfoncer,
Je l'envoyais s'informer à la Bourse
Si l' trois pour cent d'vait monter ou baisser.

ROSINE.

C'est te priver.

ANGÉLA.

Pour moi, belle ressource!
J'aurais, depuis qu'on fait payer aux gens
Un franc par jour pour entrer à la Bourse,
En vingt-cinq jours mangé mes vingt-cinq francs.
On paye un franc pour entrer à la Bourse,
En vingt-cinq jours, adieu mes vingt-cinq francs.

HÉLOÏSE, en dehors. Mais, attends-moi donc!

ARTHÉMISE, idem. Non, non, je veux être la première.

ROSINE Arthémise!.. Héloïse!.. (A Angéla.) Pas un mot sur Théophile! bouche close.

ANGÉLA. Cousue à la mécanique.

SCÈNE V.

LES MÊMES, HÉLOISE, ARTHÈMISE, portant des cartons; puis CLODOMIRE (1).

CHŒUR.

Air :

C'est l'amitié (*bis.*)
Qui nous fait ici reparaître.
Dans les bienfaits de l'amitié
Nous voulons être
De moitié.
Viv' l'amitié!

ROSINE. Mais, qu'est-ce donc que tout cela?

HÉLOÏSE, qui a ouvert son carton. Tiens, vois, ma chère, ces petites robes, ces petits bonnets...

ROSINE Ah! la jolie layette!.. (2).

ARTHÉMISE, même jeu. Et ce petit chapeau... ce petit manteau...

ROSINE. Oh! c'est charmant... et tout cela est...

HÉLOÏSE. Pour Adèle.

ARTHÉMISE. Pour l'enfant du magasin.

ROSINE. Ah! que vous êtes bonnes, que vous êtes gentilles... Mais c'est trop beau, trop riche...

Air : *Quand on s'y prend si poliment.*

Tant de robes...

HÉLOÏSE.

Contre les rhumes...
Un préservatif sans pareil.

1 H. Ar. R. An.
2 H. R. Ar. An.

ROSINE.

Mais ce chapeau garni de plumes?..

ARTHÉMISE.

Un rempart contre le soleil.

ROSINE.

C'est une trop riche parure;
Oui, c'est trop beau, je vous le jure...
Pour qu'Adèle puisse afficher
Ce luxe qu'on peut nous r'procher,
Il lui faudrait une voiture.

CLODOMIRE, entrant chargée de joujoux, et traînant après elle une grande voiture, sur le siége de laquelle est un cocher (1).

Voici la voiture et l' cocher.

TOUTES.

Puisqu'il lui faut une voiture,
Voilà la voiture et l' cocher.

ROSINE. Encore!

CLODOMIRE. Et de plus voici Polichinelle, Arlequin et la mère Gigogne.

ROSINE. Mais, vous avez dû vous ruiner.

CLODOMIRE. Ça te va bien de nous dire ça, toi qui, depuis si longtemps, élèves à toi seule un enfant dont nous avons toutes hérité.

TOUTES. Oui, toutes! (2).

ARTHÉMISE.

Air : *Pas de chagrin qui ne soit oublié.*

De nos cœurs, faut-il que tu doutes?
Croyais-tu que nous laisserions,
A la plus pauvre de nous toutes,
La fille dont nous héritons?

HÉLOÏSE.

Si nous marchons par différentes routes,
Pour atteindre différents buts,
N'oublions jamais nos débuts.

CLODOMIRE.

Qu'on soit marquise, actrice ou paysanne,
Qu'importe hôtel, ou théâtre, ou cabane,
On peut marcher de pair ensemble,
Quand par le cœur on se ressemble.

ANGÉLA.

Et cette enfant, dont tu prenais pitié,
Va resserrer nos liens d'amitié.

TOUTES.

Oui, cette enfant, dont tu prenais pitié,
Va resserrer nos liens d'amitié.

(Après ce couplet, on entend frapper à la porte du fond.)

ROSINE. On frappe!

CLODOMIRE. Entrez!

SCÈNE VI.

LES MÊMES, HECTOR BLANCMINET (3), il est coiffé d'un bourrelet, et porte avec grand'peine un élégant bereeau moderne.

BLANCMINET. Mademoiselle Rosine, s'il vous plaît?

1 H. R. Cl. Ar. An.
2 H. R. Ar. Cl. An.
3 H. R. B. Ar. Cl. An.

TOUTES, moins Rosine. Qu'est-ce que c'est que cela?

ROSINE, à part. Le jeune homme qui me suis toujours!

BLANCMINET. Mademoiselle Rosine, couturière?

ARTHÉMISE. C'est ici.

BLANCMINET. Je le savais.

CLODOMIRE. Alors, pourquoi le demandez-vous?

BLANCMINET. Je le demande parce que je suis ému, et que, lorsqu'on est ému, on dit un tas de bêtises qu'on ne dirait pas si l'on n'était pas ému.

HÉLOÏSE. Alors vous devez être bien ému.

ARTHÉMISE. Qu'est-ce qu'il nous chante, et que signifient ce bourrelet et ce berceau?

BLANCMINET. Cela signifie, qu'ayant par hasard assisté au repas des Barbettes, je demande à être Barbet.

TOUTES. Barbet!

HÉLOÏSE. Vous avez assisté...

BLANCMINET. Voici l'histoire : hier, c'était ma fête, et, pour me la souhaiter, je m'étais rendu au Moulin-Rouge.

TOUTES. Au Moulin-Rouge!

BLANCMINET. J'appris à ce moulin qu'une société charmante, composée de personnes étrangères à mon sexe, devait se réunir dans un salon particulier pour s'entretenir confidentiellement de choses plus ou moins folichonnes.

HÉLOÏSE. Monsieur!

ARTHÉMISE. Jeune homme!

CLODOMIRE. Ah! mais!...

BLANCMINET. Laissez-moi continuer : c'était ma fête, et, pour me la souhaiter, je corrompis un garçon, qui, à prix d'or, m'ouvrit un petit cabinet dont je perçai la muraille pour y fourrer mon œil...

HÉLOÏSE. Mais c'est affreux!

ARTHÉMISE. C'est révoltant!

CLODOMIRE. Vous avez fourré votre œil dans la muraille?

BLANCMINET. Laissez-moi continuer : c'était ma fête, et, pour me la souhaiter, je m'apprêtais à rire. Donc, je regarde, j'écoute et je ris.

TOUTES, indignées. Ah!

BLANCMINET, riant beaucoup. Je ris d'abord comme plusieurs bossus... mais tout à coup mon œil s'humecte... je pleure... je sanglote... j'inonde mon mouchoir de larmes abondantes, et ce n'est plus mon œil, c'est mon cœur qui regarde au trou de la muraille.

TOUTES. Son cœur!

BLANCMINET. Oui, en vous voyant toutes si bonnes, et elle (Montrant Rosine.) si noble, si généreuse, j'aurais voulu pouvoir l'embrasser, vous embrasser toutes, et ce désir ne m'a pas quitté. Voulez-vous que je vous embrasse?

TOUTES, fuyant. Du tout! du tout!

CLODOMIRE. Voyez-vous ça!

HÉLOÏSE. Par exemple!

ARTHÉMISE, montrant le berceau. Expliquez-nous d'abord ce que signifie ce meuble?

BLANCMINET. C'est le berceau de notre enfant.

TOUTES. Notre enfant!

BLANCMINET. Oui, votre fille, c'est ma fille, je suis son père.

TOUTES. Vous?

BLANCMINET. Non. Je suis son père adoptif... puisque ce gueux de Théophile...

TOUTES. Ah!

BLANCMINET. Et, d'ailleurs, un enfant qui a tant de mères peut bien avoir deux pères; ce ne sera même pas la première fois que ça se sera vu!

CLODOMIRE. Ah! c'est bien, c'est très-bien!

HÉLOÏSE. Vous êtes un brave jeune homme!

ARTHÉMISE. Embrassez-moi.

BLANCMINET. Je veux bien...

HÉLOÏSE. Embrassez-moi aussi, bah!

BLANCMINET. Avec plaisir (1). (S'avançant vers Rosine.) Quelqu'un demande-t-il encore à être embrassé?

ROSINE. Merci, Monsieur, merci!

BLANCMINET. Vous me remerciez... mais c'est à moi de vous remercier à genoux, (Se jetant à genoux.) comme un ange que vous êtes.

ROSINE. Monsieur!..

BLANCMINET. J'ai cassé ma bretelle... mais je suis bienheureux et dans ma joie...

ARTHÉMISE, se plaçant entre lui et Rosine. Relevez-vous, jeune homme (2).

ANGÉLA, bas, à Rosine. Mais dis-lui donc que le véritable père...

ROSINE, à Angéla. Non, je t'en prie, pas un mot.

ARTHÉMISE. Relevez-vous donc, et écoutez-moi : puisque le hasard et votre indiscrétion vous ont mis de moitié dans notre secret, nous ne voulons pas vous faire le chagrin de repousser vos présents; mais nous désirons que ces présents ne tirent pas à conséquence.

BLANCMINET. Ah! par exemple! Est-ce que vous croyez que je cherche à vous séduire avec un berceau et un bourrelet?

ARTHÉMISE. On séduit par tous les moyens. Je m'y connais; maintenant, Mesdames, rendez-vous général ici, à quatre heures, pour porter tous nos cadeaux au pays de la nourrice.

BLANCMINET. Oh! je suis du voyage, et, en ma qualité de père adoptif, j'en fais les frais.

ARTHÉMISE. Nous mettrons cette proposition aux voix.

HÉLOÏSE. Oui, au scrutin, nous vous ballotterons...

BLANCMINET. Oh! ballottez-moi! ballottez-moi vite.

ARTHÉMISE. Nous allons d'abord retrouver nos amies au magasin.

HÉLOÏSE. Et recueillir les boules.

BLANCMINET. Elles vont me boulotter.

1 H. B. R. Ar. Cl. An.
2 Cl. H. B. Ar. R. An.

ANGÉLA. Sois prête quand nous reviendrons, Rosine.

Air du *Violonneux*.

ARTHÉMISE.

Vite, courons chercher ces demoiselles.
Ah! quel plaisir de voyager ainsi!

ANGÉLA.

Nous reviendrons tout à l'heure avec elles,
Et joyeus'ment nous partirons d'ici.

CLODOMIRE.

Pour c't' enfant, que déjà j'aime,
Parol' d'honneur, aujourd'hui,
Je vendrais mon âne, et même,
J' crois, que j' vendrais mon mari.

HÉLOÏSE.

Moi... je ne suis plus la même,
J' regrette le magasin
Où je riais soir et matin.

TOUTES.

Mais tu n'avais pas le sou.

HÉLOÏSE.

Mais j' n'avais pas Chaffarou.

TOUTES.

Vite, courons chercher ces demoiselles.
Ah! quel plaisir de voyager ainsi;
Nous reviendrons tout à l'heure avec elles.
Et joyeus'ment nous partirons d'ici.

(Elles sortent.)

SCÈNE VII.

BLANCMINET, ROSINE (1).

ROSINE. Eh bien! il ne les suit pas... Elles nous laissent seuls! (A Blancminet.) Monsieur, j'ai à travailler, et...

BLANCMINET. Je peux m'en aller, n'est-ce pas? vous ne vous y opposerez nullement?

ROSINE. Je suis très-pressée...

BLANCMINET. Moi aussi, Mademoiselle, j'ai quelque chose de très-électrisant à vous communiquer.

ROSINE. Oh! je sais... Je n'ai rien voulu dire devant ces demoiselles. Si je leur avais appris que tous les jours vous me suivez...

BLANCMINET, affirmativement. Vous le leur avez appris.

ROSINE. Moi?

BLANCMINET. Souvenez-vous bien...

ROSINE. Quand donc?

BLANCMINET. Hier.

ROSINE. Hier?

BLANCMINET. Vous ne vous rappelez plus ce que vous disiez de moi, hier, au repas des Barbettes?

ROSINE. Je ne sais qu'une chose, Monsieur, c'est que c'est bien mal d'écouter aux portes.

BLANCMINET. Tiens, mais cela dépend des choses qu'on écoute, et quand je me rappelle tout le bien que vous disiez de moi...

1 R. B.

ROSINE. De vous?

BLANCMINET. Dût ma modestie en souffrir, je vous demande la permission de le répéter.

ROSINE. C'est inutile, Monsieur, je ne veux pas m'en souvenir.

BLANCMINET (1). Alors, je vais me brûler la cervelle!

ROSINE. Ah! par exemple...

BLANCMINET. Vous ne me croyez peut-être pas parce que c'est une chose qui se dit beaucoup, et qui, généralement, se fait très-peu; mais il y a des exceptions... Et puisque vous ne vous souvenez plus de rien, moi, je n'ai pas d'autre moyen d'oublier.

ROSINE. Eh bien! voyons, Monsieur, rappelez-moi donc ce que je disais.

BLANCMINET. Vous avez dit, en parlant de moi, il est bien doux.

ROSINE. C'est possible, vous n'avez pas l'air méchant.

BLANCMINET. Il est bien gentil...

ROSINE. Ah! pour ça, Monsieur...

BLANCMINET. Ce n'est pas moi qui parle. Je relate une opinion qui vous est personnelle, et qui m'honore d'autant plus que vous avez ajouté un mot... Oh! un mot...

ROSINE. Que je me rappelle, Monsieur, mais que je vous prie de ne pas répéter.

BLANCMINET. J'y consens; mais à la condition que vous vous en souviendrez le jour de nos noces.

ROSINE. De nos noces?..

BLANCMINET. Ah! c'est vrai, j'avais oublié de vous parler de ça, nous nous marions.

ROSINE, riant. En vérité?

BLANCMINET. Oui, Mademoiselle, puisque vous êtes la seconde mère d'un enfant dont je suis le père adoptif, il faut légitimer cet enfant-là.

ROSINE. Mais, Monsieur, le père se retrouvera sans doute, et...

BLANCMINET. Il ne se retrouvera pas. (Montrant le berceau.)

Air de *Lauzun*.

Quand je vous ai fait ce cadeau,
Que j'offre à la fille d'Estelle,
Certainement je savais qu'un berceau
Est déplacé chez une demoiselle.
Marions-nous, puisqu'un enfant déjà,
Dans ce berceau, doit précéder les nôtres.
(A lui-même.)
Bientôt, j'espère, il y sera
Accompagné de plusieurs autres.

ROSINE. Monsieur... Je vous remercie d'un choix qui me flatte et qui m'honore; mais je suis pauvre et vous êtes riche...

BLANCMINET. N'est-ce pas cela?.. Faut-il me ruiner pour vous plaire? Je jouerai à la Bourse, ça ne sera pas long.

1. B. R.

ROSINE. Oh! non, je ne veux pas.

BLANCMINET. Alors prenez-moi avec ma fortune, nous en aurons peut-être besoin dans notre ménage.

ROSINE. Ah! tenez, vous êtes si bon, si gentil, que...

BLANCMINET.

Air : *J'en guette un petit de mon âge.*

Ah! j'en suis sûr, vous alliez dire
Le mot que vous disiez hier.

ROSINE.

Non, je le pense, et ça doit vous suffire.

BLANCMINET.

L'entendre, me rendrait si fier!
Mettez le comble à mon bonheur suprême.

ROSINE.

De vous, j'ai dit...

BLANCMINET.

Achevez, s'il vous plait.

ROSINE.

J'ai dit de vous...

BLANCMINET.

Vous avez dit : Il est
Bien doux, bien gentil...

ROSINE, baissant les yeux.

Et je l'aime!
Bien doux, bien gentil, et je l'aime.

BLANCMINET, pleurant. Merci, merci, ça m' fait tant d' plaisir que... j'ai l'air d'avoir du chagrin... C'est bête, on n'est pas maître... Je cours à la mairie.

ROSINE. A la mairie...

BLANCMINET. Demain nos bans seront publiés.

ROSINE. Demain!

BLANCMINET.

Air:

J'ai trouvé le trésor
Que j'ai cherché toute ma vie;
J'ai triomphé, l'âme ravie,
Je vais enfin posséder un cœur d'or.

ENSEMBLE.

ROSINE.

Je crois rêver encor.
Eh quoi! me consacrer sa vie!
Le cœur joyeux, l'âme ravie,
En ce moment je fais un rêve d'or.

BLANCMINET.

J'ai trouvé le trésor.
Que j'ai cherché toute ma vie!
J'ai triomphé, l'âme ravie,
Je vais enfin posséder un cœur d'or.

(Il sort.)

SCÈNE VIII.

ROSINE, seule. M'épouser, lui!.. lui si gentil, si bon, si riche; moi, être sa femme! mais qu'est-ce que j'ai donc fait pour qu'il m'arrive tant de bonheur!

Air de MANGEANT.

Du jour au lendemain,
Dieu, quelle fortune nouvelle!
Il demande ma main;
Il va préparer notre hymen.
A quoi bon maintenant
Le cacher à moi-même...
Ce jeune homme, je l'aime,
Et pourtant, en l'aimant,
Je crains qu'à tous les yeux
Son luxe ne m'affiche...
Et, s'il était moins riche,
Je l'aimerais bien mieux!
Me faudra-t-il quitter
La chambrette
De la grisette...
Où devrai-je habiter?
Quelles robes vais-je porter?
Aurai-je plus d'orgueil?
Si je quitte ma chaise,
Serai-je plus à l'aise
Dans un riche fauteuil?
Tous mes bonnets enfin
Me rendaient belle fille.
Serai-je plus gentille
En chapeau de satin?
Du jour au lendemain,
Pauvre gîte,
Si je te quitte,
Pourrai-je, en mon chemin,
Ne pas te regretter demain!

CHAFFAROU, en dehors. Par ici, par ici, Messieurs.

ROSINE. La voix de M. Théophile.

SCÈNE IX.

ROSINE, CHAFFAROU, UN ou DEUX GARÇONS RESTAURATEURS apportant des comestibles et des liquides (1).

CHAFFAROU. Secrétaires intimes de MM. Potel et Chabot, déposez sur cette table les produits affriolants de votre industrie.

ROSINE. Qu'est-ce que c'est que tout ça?

CHAFFAROU. Ça, c'est un pâté pour la petite... mais nous allons le manger d'abord...

ROSINE. Et du champagne?..

CHAFFAROU. Oui, pour la petite... mais nous allons le boire d'abord. (Les garçons se retirent après avoir mis sur la table des couverts et tout ce qu'il faut.)

ROSINE. Et des pieds truffés?..

CHAFFAROU. Toujours pour la petite .. la truffe est très-salutaire à l'enfance... surtout à l'âge de la dentition. (Voulant la faire asseoir.) Vous allez voir comme ça aide à la dentition.

ROSINE. Mais, Monsieur, je n'ai pas faim, moi.

CHAFFAROU (2). Ni moi non plus... mais nous de-

1 R. C.
2 C. R.

vons avoir faim pour la petite. Ça mange toujours les enfants, et ça boit aussi.

ROSINE. Mais je ne veux ni manger, ni boire.

CHAFFAROU. Comment, vous refuseriez de boire à la santé d'Adèle, de notre chère Adèle?.. Mais d'abord asseyez-vous donc.

ROSINE. Non, Monsieur, je ne m'assiérai pas (1).

CHAFFAROU. Mademoiselle, voilà un an que je n'ai pas mangé... le remords me nourrissait; mais depuis que je vous ai fait l'aveu de ma faute et que vous m'avez pardonné...

ROSINE. Monsieur!

CHAFFAROU. Ce pardon généreux qui m'a comblé de joie à réveillé mon appétit. J'ai cessé de me faire horreur à moi-même, et je me suis dit: Je mangerais bien quelque chose de bon.

ROSINE. Et c'est ici que vous êtes venu?

CHAFFAROU, *se mettant à table.* Nous avions à causer de la petite, et si je vous avais invitée à venir chez moi, vous auriez pu me refuser... Vous offrirai-je de ce pâté?

ROSINE. Je vous ai déjà dit, Monsieur, que je ne prendrais rien; mais puisque vous voilà, vous allez me répondre... Qui êtes-vous et quels sont vos projets sur Adèle?

CHAFFAROU. Je vous répondrai quand vous serez assise.

ROSINE. Mais, Monsieur...

CHAFFAROU. Vous êtes debout, je suis assis, ça me fait lever la tête... je ne peux pas manger comme ça.

ROSINE, *s'asseyant loin de la table.* Eh bien! me voilà assise, parlez.

CHAFFAROU, *mangeant et parlant tout bas.* Il est des positions dans la vie où l'homme le plus vertueux, quelle que soit d'ailleurs sa naissance...

ROSINE. Mais je ne vous entends pas!

CHAFFAROU. Vous êtes à une lieue et je ne peux crier en mangeant du pâté, ça m'étoufferait.

ROSINE, *se levant.* Monsieur, trêve de plaisanterie, je vous en conjure... je ne souffrirai pas une insulte, et si vous ne vous expliquez pas franchement...

CHAFFAROU. Eh bien! je vais m'expliquer franchement!.. Apprenez donc que je suis...

SCÈNE X.

LES MÊMES, BLANCMINET.

BLANCMINET, *entrant en chantant.*

Oui, c'en est fait je me...

(*Apercevant Chaffarou.*) Ah! (2).

ROSINE. Ciel!

BLANCMINET. Un homme!

CHAFFAROU, *à part.* Quel est ce ténor léger?

ROSINE, *à part.* Que dire!..

BLANCMINET. Je vous dérange, Mademoiselle?

ROSINE. Non, Monsieur.

CHAFFAROU, *à part.* Non, mais si.

BLANCMINET. Monsieur est sans doute votre oncle, votre tuteur, ou votre grand-père?

CHAFFAROU. Son grand-père!

BLANCMINET. Et je dois peut-être solliciter son consentement à notre mariage?

CHAFFAROU. Leur mariage?

ROSINE, *troublée.* Mais, non, vraiment... je ne connais pas Monsieur.

BLANCMINET. Vous ne le connaissez pas, et vous ingurgitez du champagne! vous mangez des truffes avec un Monsieur que vous ne connaissez pas!

CHAFFAROU. Jeune homme!..

BLANCMINET. Monsieur, je ne vous connais pas non plus; mais je voudrais pouvoir vous jeter par la fenêtre.

CHAFFAROU. Ah! mais...

ROSINE, *à Blancminet.* Monsieur...

BLANCMINET. Parlez! qui êtes-vous?.. que faites-vous ici?

ROSINE. Je vais vous le dire, moi, Monsieur...

CHAFFAROU. Imprudente, qu'allez-vous faire?.. oubliez-vous votre serment?

BLANCMINET. Un serment!.. Mademoiselle vous a fait...

CHAFFAROU. Un serment; oui, jeune homme, il s'agit d'un serment entre elle et moi, faites-nous l'amitié de nous laisser tranquilles.

BLANCMINET. Que je vous laisse... Rosine... l'explication de ce rébus?

CHAFFAROU. Rosine, taisez-vous!

ROSINE, *à Chaffarou.* Non, Monsieur, non, je ne me tairai pas... Je vous ai juré de ne rien dire à mes amies, ce serment-là je dois le tenir... Mais je ne veux pas que Monsieur puisse penser...

SCÈNE XI.

LES MÊMES, HÉLOISE (1).

HÉLOÏSE, *entrant vivement.* C'est encore moi! (*Reconnaissant son mari.*) Que vois-je?

CHAFFAROU, *à part.* Ma femme!.. Aïe!

HÉLOÏSE. Vous ici, Monsieur?

CHAFFAROU. Chère amie!.. je...

ROSINE. Tu connais Monsieur?

BLANCMINET. Vous connaissez...

HÉLOÏSE. Si je le connais? c'est mon mari!

ROSINE. Ton mari!

BLANCMINET. Son mari!

CHAFFAROU, *à part.* Je voudrais bien être en ballon!..

1 R. C.
2 R. B. C.

1 B. R. H. C.

HÉLOÏSE. Pourquoi cette surprise? ce trouble?

CHAFFAROU. Chère amie, je vais te dire...

HÉLOÏSE. Taisez-vous!.. Rosine, explique-moi...

ROSINE, à part. Ah! mon Dieu, je ne peux pourtant pas lui dire que son mari a une fille!..

HÉLOÏSE. Eh bien!.. j'écoute...

CHAFFAROU. C'est l'effet du hasard, vois-tu, ma biche; je passais dans le quartier, et...

HÉLOÏSE. Je ne vous parle pas, Monsieur... taisez-vous.

CHAFFAROU. Alors, je m'en vais...

BLANCMINET. Restez, Monsieur... Oh! restez, où je vous casse les reins.

CHAFFAROU. Je reste, Monsieur, je reste!..

HÉLOÏSE. Voyons, Rosine... je t'écoute, pourquoi ce tête-à-tête à trois.

BLANCMINET. A trois... je n'en suis pas. J'arrivais ici comme vous, et je les ai surpris là, à cette table, entrain de festivaler.

CHAFFAROU. Mon Dieu! c'est tout simple... le père de Mademoiselle m'avait rendu un grand service en 1822, après la révolution de 1830; c'est-à-dire, non...

HÉLOÏSE. Assez, Monsieur, assez... je devine tout, et maintenant je m'explique certaines belles actions... Quand on est commandité par la haute banque...

ROSINE. Tu pourrais penser...

HÉLOÏSE. Adieu, mademoiselle la Sagesse.

SCÈNE XII.

LES MÊMES, ARTHÉMISE.

ARTHÉMISE. Eh bien! est-elle prête?

CHAFFAROU. Ciel! Arthémise! (Il va se cacher dans un coin.)

HÉLOÏSE. Non, ma chère, non, on ne nous attendait pas, et tu vois, Monsieur... (A Chaffarou.) Ne vous cachez donc pas, Monsieur... venez donc...

CHAFFAROU, se cachant avec son mouchoir. J'ai mal aux dents... Une fluxion subite...

HÉLOÏSE, lui arrachant le mouchoir. Otez donc ce mouchoir et regardez-nous.

ARTHÉMISE. Que vois-je, Saint-Léger!

HÉLOÏSE. Saint-Léger!

ROSINE. Saint-Léger!

BLANCMINET. Saint-Léger!

CHAFFAROU, à part. Je voudrais être dans deux ballons.

ARTHÉMISE. Comment, vous êtes ici, Monsieur.

HÉLOÏSE. Tu connais Monsieur?..

ARTHÉMISE. Mais certainement, Monsieur est le protecteur des beaux-arts, dont je vous parlais hier.

ROSINE, à part. Lui!..

HÉLOÏSE. Ah! celui que tu appelais le vieux bête...

ARTHÉMISE. Héloïse!..

BLANCMINET. Comment cette vieille ganache. (A Héloïse.) Pardon, Madame.

HÉLOÏSE. Oh! ne vous en défendez pas. (A Arthémise.) Ma chère amie, j'ai le déshonneur de te présenter M. Chaffarou, mon mari.

ARTHÉMISE. Ton mari!

BLANCMINET. Chaffarou!

ROSINE. Chaffarou!

CHAFFAROU. Patatra!

ARTHÉMISE, à Chaffarou. Comment! infamie d'homme! vous étiez le mari d'Héloïse, et vous aviez l'audace de me faire la cour!

BLANCMINET. Comment! horreur d'homme! vous étiez le mari d'Héloïse, l'adorateur d'Arthémise, et vous courtisiez Rosine!

CHAFFAROU. Je me sens indisposé!.. je vais chez le droguiste!

BLANCMINET. Le droguiste! (Le prenant à la gorge.) Sais-tu que tu es un drôle?.. Sais-tu que ta vie est entre mes mains?

CHAFFAROU, le repoussant. Ah çà, dites donc, vous... est-ce que parce que vous êtes petit et délicat, vous croyez me faire peur, hein?

BLANCMINET, lui sautant à la gorge. Ah! tu me trouves petit!..

CHAFFAROU. Au secours! à la garde!

SCÈNE XIII.

LES MÊMES, ANGÉLA, SUZETTE, CLODOMIRE, ÉLOA (1).

TOUTES, entrant. Ce bruit!.. Qu'y a-t-il donc?

ROSINE. Monsieur, Mesdames, je vous le jure, je ne connaissais pas cet homme!

HÉLOÏSE. Vous ne le connaissiez pas, et vous le receviez chez vous!

BLANCMINET. Et vous vous régaliez en tête-à-tête!

ROSINE. Je voudrais pouvoir parler... mais c'est impossible!

ANGÉLA, descendant. Parce que tu as juré de te taire... mais je n'ai pas juré, moi!

ROSINE. Angéla!

ANGÉLA. Oh! je parlerai!.. Mesdames, si Rosine reçoit Monsieur, (Elle montre Chaffarou.) c'est que Monsieur est le séducteur d'Estelle.

TOUS. D'Estelle!

ANGÉLA. C'est M. Théophile!

CHAFFAROU. Voilà le bouquet!

CHŒUR.

Air : Vaudeville du *Mercier*.

Ah! c'est épouvantable!
Vraiment, c'est à faire frémir!
Quoi! voilà le coupable
Que nous devons punir (2)!

1 E. B. R. An. Ch. Ar. S. Cl. H.
2 E. An. B. R. H. Ch. Ar. Cl. S.

CHAFFAROU.

Ah! c'en est trop! tremblez, femmes honnêtes,
Et sachez donc qu'hier, à votre insu,
J'étais au banquet des Barbettes,
Où j'ai tout vu, tout entendu!

HÉLOÏSE.

Eh bien! qu'avez-vous entendu?

CHAFFAROU.

Vous, dont j'ai fait ma femme,
Ayant à tracer mon portrait,
Vous leur disiez, Madame,
Que j'étais vieux et laid!
(A Arthémise.)
Vous, vous disiez : il m'aime,
Mais il est bête! (affreux tableau!)
A faire bâiller même
Les carpes de Fontainebleau!
Pour me venger (chose assez difficile),
Abusant d'un secret surpris,
Je me suis fait passer pour Théophile,
Grâce à ce que j'avais appris;
Mais, à mon tour, me voilà pris!

TOUTES. Ah!..

CHAFFAROU.

Et puisqu'ici personne
N'est exempt de blâmer, je croi,
Comme je vous pardonne,
Toutes, pardonnez-moi.

TOUTES.

Si nous fûmes surprises,
Il doit connaître nos secrets;
Hélas! nous sommes prises
Dans nos propres filets!

ARTHÉMISE. Ah çà! mais, tout le monde était donc au banquet des Barbettes?

HÉLOÏSE, à Rosine. Mais pourquoi te laissais-tu accuser?

ROSINE. Dame! je ne pouvais pas te dire que ton mari était M. Théophile.

BLANCMINET. Et j'ai pu croire... Je vais me brûler la cervelle!

ROSINE, l'arrêtant. Eh bien! Monsieur... et notre enfant?..

BLANCMINET. Ah! oui! je l'oubliais!..! Allons chez la nourrice!

TOUTES. Chez la nourrice!

TOUS.

Air des *Barbettes*.

Les Barbistes et les Barbettes
Sont de bons, bons, bons, bons, bons...
Les Barbistes et les Barbettes
Sont de bons, de bons garçons.

CLODOMIRE.

Jeunes Barbettes,
Nous sommes prêtes,
Et si vous êtes
Prêtes aussi,
Partons!

ARTHÉMISE.

Je n'ose;
Pour notre cause,
J'ai quelque chose
A dire ici.
(Au public.)
De ce vaudeville éphémère,
Messieurs, protégez le destin;
Mesdames, il n'a pas de mère,
Adoptez le pauvre orphelin.

TOUS.

Les Barbistes et les Barbettes, etc.

FIN.

LAGNY. — Typographie de A. VARIGAULT.

www.ingramcontent.com/pod-product-compliance
Ingram Content Group UK Ltd.
Pitfield, Milton Keynes, MK11 3LW, UK
UKHW020411250726
13967UKWH00006B/2583

9 782013 088411